Bernhard Seuffert

Wielands höfische Dichtungen

Bernhard Seuffert

Wielands höfische Dichtungen

ISBN/EAN: 9783743377905

Hergestellt in Europa, USA, Kanada, Australien, Japan

Cover: Foto ©Thomas Meinert / pixelio.de

Manufactured and distributed by brebook publishing software (www.brebook.com)

Bernhard Seuffert

Wielands höfische Dichtungen

Wielands
höfische Dichtungen.

Von

Bernhard Seuffert.

Drei Generationen des Weimarer Fürstenhauses hat Wieland in der anhänglichsten Ergebenheit gedient, gedient ohne, bis auf die kurze erste Zeit, zu irgend einer Leistung verpflichtet zu sein, gedient über vierzig Jahre hindurch nach dem Drange seines Herzens, mit seinem Wissen und Können, mit seinem ganzen reichen Wesen. Seine Hingabe war immer gleich, wenn auch seine Stellung zu den einzelnen Gliedern der herzoglichen Familie naturgemäß etwas verschieden war. Wohl stand er andauernd der Herzogin-Mutter Anna Amalia am nächsten, aber auch Carl August ward er nie entfremdet; am wenigsten enge mag die Beziehung zur Herzogin Luise geworden sein; dafür lohnte ihn die Liebenswürdigkeit der Großfürstin Maria und die Verehrung der Princessin Caroline. Das wohlwollende Zutrauen aller, ja verwöhnende Zuneigung hat er mit Rath und That in ernster und heiterer Stunde erworben und sich zu erhalten gewußt.

Sein Verhältniß zu den Weimarer Fürstlichkeiten erscheint in seinen höfischen Dichtungen wie in einem Spiegel; der Spiegel ist klein und fängt nicht die

Strahlen auf, in denen des Dichters Talent am hellsten glänzte, gibt auch so manche leuchtende Befähigung des Weisen gar nicht wieder. Aber doch läßt er die allzeit bewegliche, formgewandte Kunst des launig-witzigen Geistes erkennen, der Bedeutendes wie Unbedeutendes mit gefälligem Reize zu bekleiden wußte. Und vor allem, er zeigt in den wechselnden Erscheinungen die immerdar unveränderte treue Verehrung des Dichters für sein Fürstenhaus; er zeigt auch, im Hintergrunde, die Weimarische Geselligkeit, ihre künstlerischen Gespräche und Genüsse.

Überall weist das Spiegelbild aus dem Rahmen hinaus. Gewiß hangt Wielands ganzes Schaffen, hangen seine besten Werke alle mit den Begünstigungen seines Weimarer Lebens zusammen. Ja, bevor er an die Ilm übersiedelte, schien es, als ob er durch seinen akademischen Beruf der Dichtung entfremdet werde. Der Weimarer Hof weckte seine Kunst zu neuer Blüthe und Weimar reifte sie zur reichsten Fruchtbarkeit. Wie vordem die kleine Hofhaltung auf Warthausen seine Phantasie ermuntert und in ritterliche Zeiten geleitet hatte, so gewann sein Genius jetzt in der Wilhelmsburg neue Anregung und bildete in diesen von ritterlichen Sängern des Mittelalters geweihten Landen höfische Epen und Erzählungen ebenbürtig den besten der Vergangenheit. Und in diesem Sinne darf man gerade die vollendetsten Schöpfungen Wielands höfische Dichtungen heißen.

Hier jedoch muß auf diese verlockende Ausdehnung verzichtet werden. Nur was dem Weimarer Hof unmittelbar galt, nur was von ihm geradezu angeregt wurde, soll hier überschaut werden. Das ist ja Verschiedenartiges, das bildet auch keine geschlossene Kette der Entwicklung; die Einheit liegt nur im Geber und im Empfänger. Und unter diesem Gesichtspunkte allein können diese Theile und Theilchen von Wielands Dichten zusammengesetzt werden.

Schon zu der Zeit, als die regierende Herzogin von Sachsen Verhandlungen über die Erziehung des Erbprinzen mit Wieland pflegte, noch bevor die Berufung des Erfurter Professors nach Weimar vollzogen war, stellte der Dichter seine gewandten Dienste dem höfischen Vergnügen der Nachbarresidenz zur Verfügung.

Gewiß nicht unaufgefordert bot Wieland für das von der Herzogin begünstigte Theater seine Clementina von Porretta an. Er mochte den Muth, dies Prosatrauerspiel, allerdings in einer nicht bekannt gewordenen überprüften Fassung, darzureichen durch die Ackermannische Truppe gewonnen haben. Sie hatte dies mehr moralische als künstlerische Stück 1760 inscenirt, sie wählte es erstaunlicher Weise wieder, als die Schröder=Nicolinische Gesellschaft die Hamburgische Bühne am 30. April 1772 eröffnete. Für die Weimarer Darstellung verfaßte Wielands Schützling

Werthes einen Prolog, den Minna Brandes sprechen sollte oder gesprochen hat — ich weiß nicht, ob die Aufführung statt fand. Wenn Anna Amalia auch Wielands Ansicht theilte, die Bühne habe eine erzieherische Aufgabe, so konnte doch die dramatische Schwäche dieses dialogisierten Romanfragmentes unmöglich theatralisch befriedigen.

Eher mochte leichtem Unterhaltungsbedürfnisse sein 1772 für Weimar entworfenes heroisch-komisches Ballet Idris und Zenide genügen. Nur die Gestaltung war neu, nicht der Inhalt. Neun Jahre früher, als seine verliebte Laune und die Beziehung zum Stadionischen Schlosse allerlei poetische Capriccios zeitigte, mit denen er sich für die Langeweile seiner Biberacher Kanzleigeschäfte entschädigte, hatte Wieland ein Gegenstück zu den Quatre Facardins des Grafen Hamilton ersonnen und seine Helden Idris und Zenide genannt. Den halb belustigten, halb ironischen Geschmack an Feenmärchen, den Stadions französische Bildung und nach Pariser Mode wohl zusammengestellte Bibliothek entwickelte, hatte er, wie zuvor im Prosaroman Don Sylvio, nun im Stile italienischer Epik bethätigt. Nur fünf Gesänge des auf zehn angelegten Planes wurden in den Jahren 1765 und 66 fertig gestellt. Und der fünfte bildet die Grundlage des Ballets. Seine ersten vierunddreißig Strophen entsprechen dem ersten Aufzug: Idris findet die gesuchte Bildsäule Zenidens, die er beleben muß, um sie der Liebe fähig zu machen. Aber nicht Zenide, sondern die Salamandrin Amöne, verliebt in den schönen Ritter, ist drein versteckt; sie zieht jedoch dann vor, ihn ohne List zu gewinnen. Dies gelingt ihr im zweiten Aufzug (entsprechend den Strophen 35—89 des heroisch=komischen Gedichtes) so weit, daß Idris durch ihre Freundschaft verliebt und verliebter wird. Doch vergißt er Zenidens Bild nicht, ja von Reue erfaßt bittet er Flor, Amönens Liebhaber, der im Ballet lebensvoller und öfter eingreift als im Gedichte, ihm zur Flucht zu verhelfen. Der letzte Aufzug folgt noch den nächsten sieben Strophen des fünften Ge= sanges, hält sich aber bei Idris' hier beschriebenem Abenteuer mit einer Nymphe nicht auf, sondern führt den Helden gleich zur echten Zenide, deren Bild er glücklich belebt. Zenidens Krönung zur Feenkönigin, die Huldigung aller elementarischen Geister schließen das Ballet, ohne daß die beabsichtigte, aber nie aus= geführte Lösung des Gedichtes: drei Seelen in einem schönen Körper vereinigt zu zeigen, auch nur an= gedeutet wäre. Damals, als Wieland den Stoff zu= erst aufgriff, war sein Herz getheilt zwischen drei geliebten und der Reihe nach ihm anverlobten Mäd= chen, damals mochte die Verschmelzung den Wünschen seiner flatterhaften Phantasie vorschweben und er so die übrigens nicht selbst verschuldete Untreue gegen jede Einzelne Treue gegen das Idealbild heißen, das er allen unterschob. Aber die Arbeit am Idris war

ins Stocken gerathen, als er die Ehe mit seiner nach=
mals voll geliebten Dorothea eingegangen hatte, und
jetzt nach mehrjährigem Bunde kam nur eine äußer=
liche, nicht auch sinnig befriedigende Lösung des heiklen
Themas zu Stande, aus welcher auf das, vielleicht
dem Dichter selbst undeutlich vorschwebende Ende des
Gedichtes kein Schluß gezogen werden kann.

Was ihm jetzt den Stoff wieder nahe rückte, ist
wohl seine Verwandtschaft mit dem Pygmalion=Motiv
und seine Eignung zum Ballet. Vordem hatte ihm
Bodmers Erzählung jenes Motiv empfohlen; inzwischen
lernte er Ramlers Cantate Pygmalion bewundern;
jetzt eben wurde J. J. Rousseaus scène lyrique gleichen
Stoffes bekannt; schon im Sommer 1772 konnte sie
mit Schweizers Musik von der Seylerschen Truppe in
Weimar agiert werden. Hier wie dort handelt es sich
um die Belebung einer Bildsäule. Was Rousseau
mit leidenschaftlichen Worten auf der Bühne begleitete,
sollte im Ballet, freilich ohne tiefere Empfindung, in
reizvollen Bildern pantomimisch geschehen. Furcht und
Hoffnung, Verzweiflung und Freude, Liebeswerben
und Verführung, Widerstreben, Hingeben, Eifersucht
mußten die Tänzer mit stummer Beredsamkeit zeigen.
Seeufer, Wildniß, lockende Lauben, Gesträuche von
Myrten und Rosen, ein Dom mit der Bildsäule,
ein glänzender Palast im Lande der Vergnügungen
bilden die Scenerie; Finsterniß folgt auf lichten
Morgen, Donner und Blitz, Feuer ringsum füllen

die Luft, bis die heitere Sonne wiederkehrt. Im vergoldeten Muschelwagen fährt der Held, Raubthiere und Ungeheuer und Höllenlarven treten ihm entgegen, aber Zephyren und Amoretten, Nymphen und Faunen, Sylphen und Sylphiden erscheinen zahlreicher und beleben freundlich das Bild. Für Augenweide sorgte dies Ballet. Und wenn der aus Berlin zugewanderte Balletmeister C. Schulz es gut inscenierte, er, Böck und Meyer, die Damen Courtée, Mécour und Niebuhr hübsch tanzten und spielten, so mag es vollen Beifall geerntet haben. Wieland selbst hielt den Entwurf nicht des Druckes werth; nur Reichards Gothaer Theaterkalender zeichnete ihn auf.

Vom Ballet zum Singspiel ist der Schritt nicht weit. Für der Herzogin Geburtstag hatte Musäus 1771 ein Vorspiel die Stufen des menschlichen Alters verfaßt. Für den des nächsten Jahres wünschte Ekhof, der Leiter der Weimarischen Truppe, von Wieland eine Gabe. So entstand das Singspiel in einem Aufzug Aurora. Nur drei Sangeskundige bedurfte er dazu; Diana wurde dargestellt von Mde. Koch, Aurora von Mlle. Heisin, Amor von Mr. Hellmuth. Diana sucht Endymion in traurigem, dann eifersüchtigem Sehnen; Aurora erscheint früher als sonst, um den Göttern der Regentin Geburtstag anzukündigen; sie trifft Diana, beide wecken den schlafenden Amor, damit er jede Seele mit Liebe für die beste Fürstin anfache; das habe sie durch ihren eignen

Reiz schon gethan, erwidert Amor, verspricht aber, alle Charitinnen und Amoretten zum Feste zu senden, wie Diana ihre Nymphen und Schäfer schicken, Aurora den ganzen Himmel wecken will. In dem nun folgenden Ballet wird der Inhalt dieser Wechsel-Gesänge weitergeführt. Zu den dreien gesellen sich Endymion, Cephalus und Venus, die Grazien und zwei Dreaden, Jäger und Schäfer. Zunächst knüpft das Ballet an den ersten Monolog Dianas an: wie zu Eingang des Singspieles Diana ihren Geliebten sucht, so sucht zu Beginn des Balletes Endymion, im Walde verirrt, seine Göttin und beschwört die Eifersucht der Gefundenen mit beredten Gebärden; denn er hat dazu nicht Ursache gegeben wie einst der leichtfertige Harlekin Endymion auf dem Théâtre de la Foire de Saint Germain seiner Diana. In einem zärtlichen pas de deux vereinigt werden sie von Aurora und Cephalus unterbrochen. Wieder mahnt Aurora an die Feier des fürstlichen Geburtstages und die Paare bestellen sich zu Amors Tempel. Da finden wir sie mit Gefolge im zweiten Aufzug des Balletes. Auf die Tänze folgt ein Opfer der Liebe, und ein paar Strophen zum Preise Anna Amalias und Carl Augusts schließen das ganze Festspiel ab.

Solche höfischen Singspiele waren nichts Neues. Ihr ursprünglicher Zusammenhang mit der Cantate wird von Wieland gelegentlich noch im Titel festgehalten. Für den Berliner Hof hatten Neukirch,

Besser, Reuter derartige Spiele verfaßt und anderswo andere. Metastasios Beispiel konnte den Geschmack daran verstärken, die Kunst erhöhen. Schäferspiele gingen zur Seite; J. G. Jacobis Elysium, ein zumeist prosaisches Vorspiel zum Geburtsfest der Königin von Hannover, gehört in diese Richtung. Auch in Wielands Aurora fehlt das Pastorale nicht: Endymion und Cephalus sind als Schäfer und Jäger gedacht und treten mit ihren Gefolgen auf; und wie zwei Schäferinnen der damaligen Bühne necken einander die Göttinnen mit ihren Liebsten. Freilich war Wieland zu so menschlicher Darstellung der Götterwelt längst von seinem Lucian geführt. Vor Jahren schon hatte er in komischen Erzählungen die Liebeleien Auroras und Dianas so irdisch-schalkhaft dargestellt; die Liebesfreude des lockereren Paares Aurora und Cephalus schob er jetzt in den Hintergrund, nur die Zärtlichkeit der schüchterneren Gesellen Diana und Endymion durfte im höfischen Festspiel laut werden. Und die Jägerin und der Schäfer sind so weltverloren in ihrem Glücke, daß sie des festlichen Tages nicht gedenken; die leckere Aurora, ihres Jägers sicherer, hat Gedanken dafür übrig. Dieser Ansatz zur Charakteristik der Figuren ist es, was diese höfische Huldigung über die steifen älteren Festspiele erhebt: statt der Strenge allegorisch gedachter Götter heitere Anmuth, menschlich empfindender Wesen, spielerisch und gekünstelt zwar, aber dem Leben genähert.

In wechselnden Versmaßen, in Recitativen und Arien, in Duetten, Terzetten und im Chor, gereimt und reimlos spricht sich der einfache Inhalt aus: selbst die Eigensucht der Liebe schweigt, wenn es gilt die beste Fürstin zu feiern, sie, die begabt ist von allen Göttern wie die Schützlinge gütiger Feen; Minerva und Cythere schufen in ihr, der neuen Göttin, ihr Ebenbild: sie pflegt die Musen, schützt die Künste, ist die Mutter ihres Volks, das sie mit weiser Güte regiert.

> „Sie würd' als Schäferin
> Die Flur entzücken,
> Sie würd' als Königin
> Die Welt beglücken;
> Doch immer würd' in ihr
> Sie selbst geliebt."

Das feinste Lob, das der Dichter, von Amalias Geist und Schönheit gleich begeistert, spenden konnte. Und allein die Wahrheit und Wärme der Empfindung für die Gefeierte wollte Wieland anerkannt haben, als poetisches Werk hielt er das Festspiel nicht hoch und reihte es so wenig wie das Ballet in seine gesammelten Werke ein.

Nach diesem Anfange setzte sich Wieland in dem Singspielwesen recht fest. Gewiß war es seiner empfindenden mehr als dialektisch-rhetorischen Natur, seiner mehr musikalischen als plastischen Begabung gemäßer denn das Prosatrauerspiel. Hier wo die Personen über das individuell Charakteristische traditionell und stilgemäß hinausgehoben werden in die idealere Sphäre noch lebhaft fühlender, ja leidenschaftlich bewegter, aber doch abgeklärter Menschlichkeit, hier konnte sein idealistisches Kunstvermögen sich bewähren. Seiner unvergleichlichen Verskunst, die der melodiösen Declamation jeden Vorschub leistete, konnte sich der Musiker leicht anschmiegen. Und in Schweizer, der sich schon als Componist von Dichtungen des Freundes Jacobi und seiner Aurora bewährt hatte, glaubte Wieland einen musikalischen Interpreten seiner Absichten gefunden zu haben, der ihn zu Höherem spornte. Mehr und mehr kam die Oper aufs neue in Mode. Wieland, der dem Geschmacke der anakreontischen Liedersänger wie dem der profanen und biblischen Epiker gefolgt war; der sich unter die Tragödiendichter gemengt und, früh Shakespeares Genie ahnend, seine Werke der Lessingschen Zeit dargeboten hatte; der mit englischen Novellisten, mit französischen Märchenerzählern, mit italienischen Operndichtern gewetteifert und dabei sich selbst gefunden hatte: er wollte Singspiele „im Geschmacke der Alten, wiewohl mit einigen seinen Zeiten angemessenen Modificationen versuchen". Was er tastend in der Aurora unternommen, trieb ihn die eigene Befähigung, Schweizers Gesellschaft, der Geschmack der Zeit reifer und kunstvoller auszugestalten. So entstand noch 1772 die Alceste, in der er die Kunst Metastasios und Euripides' glaubte vereinigt und beide verbessert zu haben. Wenn auch ein Wink der Herzogin ihn dabei ermuthigte, so hat die Oper doch keinen höfischen Anlaß; die Genesung seiner schwer erkrankten Gattin ließ ihn den Stoff wählen, in dem eine verloren Geglaubte aus der Unterwelt zurückkehrt. Mit welchem Erfolge das Werk auf die Weimarer und andere Bühnen kam, wie lange es sich im Repertoire des deutschen Theaters erhielt, ist ebenso bekannt wie seine hervorragende Stelle in der Geschichte deutscher Dramatik, die es schon als nächster Vorläufer von Goethes Iphigenie behauptet.

Im folgenden Jahre, zur Aufführung für den 4. September, den Geburtstag Carl Augusts, verfaßte Wieland das „lyrische Drama": die Wahl des Hercules. Wieder ein Thema aus der antiken Welt wie Alceste. So hatte J. B. Michaelis für die Weimarer Truppe die „Operette" Hercules auf dem Oeta geschrieben. So hatte das Jahr zuvor Lessings Freund Eschenburg, wohl mit Rücksicht auf seinen Braunschweiger Zögling, das Vorspiel die Wahl des Hercules für das dortige Theater verfaßt; der Aufführung folgte im Jahre 1773 der Druck, den ich leider nicht kenne; nach Kritiken zu schließen hat sein Vorspiel mit Wielands Drama nichts als den Stoff gemein. Beide Dichter hatten an Metastasio einen Vorläufer, dessen von Hasse componierter Alcide al bivio zur Hochzeit des späteren Kaisers Joseph II. in Wien gespielt worden war. Gewiß hat Wieland diese festa teatrale gekannt, gewiß von ihr gelernt; die Disposition beider Werke hat viel Ähnlichkeit, auch die metrische Form gleicht sich ungefähr. Aber Wieland hat Metastasios Drama glücklich vereinfacht: die Figur des Erziehers des Hercules, die zu Anfang und Ende des italienischen Werkes auftritt, mußte nicht nur deswegen fallen, weil durch sie die Freiheit des Entschlusses des Helden gemindert erscheint, auch deswegen, weil Wielands Hercules sein Prinz Carl August war, des Alciden Ajo, Fronimo, also Wieland selbst gewesen wäre; ferner läßt der deutsche Dichter die Göttinnen Edonide und Aretea ohne Gefolge auftreten, verzichtet überhaupt auf Chöre; und endlich hat er die Botin der Juno, Iride, zum Schlusse beseitigt und mit all den Personen natürlich etwas stoffliche Ausführung weggeschnitten.

Was Wieland aber so an Mannigfaltigkeit einbüßte, ersetzte er reichlich an Tiefe. Zwischen Tugend und Sinnenlust war er selbst Jahre lang schwankend hin und her geschritten; das Problem darf geradezu als das Grundthema seiner Jünglingszeit und der Dichtung seines ganzen Lebens bezeichnet werden: immer und immer wieder suchte er moralisch und poetisch die Forderungen der Ethik und die Wünsche der Sinne in Einklang zu bringen. Jetzt, da er seinen kraftstrotzenden fürstlichen Zögling vor sich sah, von Thatendrang erfüllt wie einen Hercules, bekam die Figur des Halbgottes ein Leben, das Wieland aus seinem eigenen schwächeren Wesen niemals hätte schöpfen können.

Hercules als faustischen Feuerkopf zu verkörpern, wie er nun that, war ihm nur durch die richtige Erkenntniß des Charakters Carl Augusts möglich. Und als Pädagog wollte er an eindrucksvollem Festtage die erziehliche Tendenz der Weimarer Bühne nutzen, seinem geliebten Prinzen ein altes ethisches Märchen vorzuhalten, darin er sehe, wie er seine Kraftnatur ausleben, ausnützen solle.

Die Erzählung des Prodikus vom Hercules am Scheidewege kannte Wieland längst aus dem zweiten Buche der Xenophontischen Denkwürdigkeiten, setzte wiederholt an, sie ins Deutsche würdig zu übertragen, und hat den Text im Gedächtniß oder vor Augen gehabt, als er das Drama schrieb, denn einzelne Wendungen klingen an. Überdies hatte sein Shaftesbury in einer ausführlichen Betrachtung ihm das Thema noch näher gebracht; er empfahl den Titel the choice of Hercules, den auch Spencer für ein Gedicht gewählt hatte, welches Wieland in Bertuchs Übersetzung gleichzeitig mit seiner „dramatischen Cantate" im dritten Bande des Teutschen Merkur veröffentlichte. Shaftesbury hatte Wieland aufmerksam gemacht, wenn er nicht selbst darauf gekommen sein sollte, daß ein großer Dichter als Hauptaction den inneren Kampf des Hercules darstellen müsse. Im übrigen konnte der Philosoph ihm nichts an die Hand geben; denn er führt die Situation des Hercules als ein Gemälde aus und zergliedert also nur Einen Moment des Vorganges. Wieland hat sich nicht einmal an das gehalten, was hiefür Shaftesbury vorschreibt: so hat er, Metastasio folgend, den Tempel der Tugend in die Scenerie hereingestellt, den dieser ausdrücklich als unnatürlich ablehnt. Shaftesburys Gemälde in Worten hatte Wieland seinem Amadis (Gesang 3) als Bild gezeigt und die Wirkung der Betrachtung auf diesen chevalier errant umständlich erzählt. Freilich Amadis wählt nicht zwischen Wolluft und Tugend, er vereinigt seinem Charakter gemäß beide in seiner Seele zum höchsten Ideal von Liebenswürdigkeit, so wie Ebonide in Metastasios Oper sich schließlich doch auch an des Alciden Seite stellt, obwohl er gegen sie und für Aretea entschieden hat. Dies konnte Wieland für seinen jetzigen pädagogischen Zweck nicht brauchen; ihm mußte sich der Stoff und — Wielands eigene Amadis-ähnliche Neigung beugen.

Dieser moralische Endzweck beengte wie die Auffassung so auch die dramatische Führung der Fabel. Der Dichter empfand die Schwierigkeit, ihm und den Bühnengesetzen gerecht zu werden. Hercules mußte aus der Rolle des Zuhörers, die er in Xenophons Bericht spielt, heraustreten und wirklich die erste Figur werden, als welche ihn Shaftesbury bezeichnet hatte, und der Held der Action. Daher läßt Wieland ihn das Drama mit einem Monolog eröffnen, daher legt er in seine Brust schon seelischen Kampf, bevor die Göttinnen erscheinen und ihn zur Wahl zwingen, darum läßt er ihn den Lockungen der Wolluft — gegen die Morallehre — einen Augenblick wenigstens folgen. So kam Bewegung in das Drama, was nach Wielands Worten seine Natur erfordere; alles wünscht er in Handlung umgesetzt zu haben und er hat es wohl so weit gethan, als bei dieser handlungslosen Moralfabel möglich war.

Ein erregter Monolog also eröffnet wie in Aurora und in Alceste. Die Eingangsstrophe klingt elegisch: „O! nehmt mich auf, ihr stillen Gründe! Gewogne Schatten, hüllt mich ein!" Man vermeint, Goethes Iphigenie oder auch den verdüsterten Orest zu hören. Wie aber dieser trotz der Verzweiflung noch thaten= durstig ist, so auch der Wielandische Hercules. In freien Versen, kurzen und langen, gereimten und reim= losen, die vorzüglich den Forderungen des Satzbaues sich anschmiegen, die die unterschiedene Stärke der Ge= danken abmalen, weist er die Liebe Dejaniras von sich; er hat Ungeduld nach Thaten in dem glühenden Busen, er fühlt sich ungleich den Erdenkindern, fühlt Götter= blut in seinen Adern. Aber nicht Prometheischer Trotz, sondern Faustisches Grübeln, ob er nicht nur träume, erfaßt ihn:

„O noch immer wie räthselhaft mir selbst!
Wie groß! wie klein!
Izt, muthig, jedem Ungeheuer Trotz zu bieten,
Izt, verzagt vor einem Blicke!"

Dejanirens Blick meint er. Es ist geschickt, daß Wieland in Hercules' Seele neben der weisen Unterrichtung zur

Tugend schon ein Frauenbild eingegraben hat; so kann
später Frau Wolluſt die Verheißung dieſes geliebten
Weſens als ſtärkſten Trumpf ihrer Verführungskünſte
ausspielen. Aber zu voller Wirkſamkeit geſtaltet er
das vorbereitende Motiv nicht aus; denn aus des
Hercules Worten gewinnt der Zuschauer nicht die
Überzeugung, daß die Liebe zu Dejanira ein Verbrechen
gegen die Tugend ſein müſſe, daß ſie ihn an großen
Thaten verhindern könne. Wieland der Pädagog
zeichnete hier das Verweichlichende der Liebe unduld=
ſamer, als Wieland der Dichter ſonſt zu thun pflegte;
hier iſt ein Punkt, wo der pſychologiſch vorarbeitende
Dramatiker auf halbem Wege ſtehen blieb dem morali=
ſchen Endzwecke zu Liebe.

Sein Hercules ſoll der Liebesgefahr entſagen und
fliehn, wohin kein Menſchenfuß ihm folgt, ſoll nicht
in der Geliebten Roſenketten der Tugend vergeſſen.
Während er ſo im Waldthale — es iſt wohl die zweite
Scenerie des Jdrisballets — mit ſich ringt, verändert
ſich die Bühne in den romantiſchen Luſtgarten, der im
zweiten Aufzuge jenes Ballets diente. Wolluſt er=
ſcheint, wie in Metaſtaſios dritter Scene, auch hier
nach einem Monologe des Alciden. Freude heißt ſie
ſich und Seligkeit und verſpricht ein Leben aus Luſt
gewebt. Geblendet von der Göttin, denn daß es eine
ſei, kündigt ihm ihr ganzes Weſen an, lauſcht Hercules
den ſchmeichelnden Worten. Aber er iſt — wieder ein
Compromiß zwiſchen Dichter und Schulmeiſter — gut

genug erzogen zu fragen, wie er denn die verheißenen
Freuden verdienen könne. Das sei nicht nöthig;
„genießen, Freund, und vom Genusse ruhn zu süßerem
Genuß ... genießen ohne Arbeit ... so leben die
Olympier, so lebt wer mich besitzt" verkündet Wollust
und schließt: „Komm, Glücklicher, an meinen Busen
und werd' ein Gott!" Und Hercules antwortet:

„Zu sehr, zu sehr empfind' ich deiner süßen Töne
Wohllüstige Zauberei, Verführerin!
Ich strebe dir entgegen —
Fühle, daß ichs soll —
Und — folge dir!"

In diesem Augenblicke wandelt sich wieder die
Scene; die kebetische, im 17. und 18. Jahrhundert
von Engländern, Franzosen und Deutschen mit allem
Barockkram aufgenommene Vorstellung vom Tempel
der Tugend auf steiler Höhe gibt den Prospect zu
dieser Allegorie; auch diesen Tempel zeigte die Bühne
des Idris und der Aurora, so schmiegsam hielt sich
Wieland an die Ausstattung des Weimarer Theaters.
Und wieder erscheint mit der Veränderung des Schau=
platzes eine neue Figur, die Gegenspielerin Tugend.
Sofort erkennt Hercules an der Stimme der Zurufenden:
sie sei die Göttin seiner Seele, sie sei die Tugend,
während er die Wollust um ihren Namen fragen
mußte; in seiner Brust war jene nur gekannt. Mit
lebhaften Wechselreden stürmen die beiden Frauen auf
den Jüngling ein: zwei Seelen kämpfen in seiner Brust;

so lang die Tugend redet, „siegt die beßre Seele", allein
der Blick der Wolluſt zieht ihn wider Willen in ihre
Arme; ja ihre Lockung wird ihm gefährlicher, als ſie
ihm Dejanira verſpricht, gegen die Frau Tugend Ruhm,
Tugend, Unſterblichkeit einſetzt. Da bricht Hercules in
die Verſe aus: „O trag Erbarmen mit meinem Schmerz!
Der innre Aufruhr zerreißt mein Herz!" Ungedulbig
erklärt die Tugend, ſie leide keine Nebenbuhlerin, wer
zwiſchen ihr und ihrer Feindin ſchwanke, den könne
ſie nur bedauern und verlaſſen. Man merkt, wie
ſchwer es Wieland fiel, den Entſcheid zu erzwingen;
ſein Hercules möchte gern ein Amadis ſein und darf
es nicht, äußerlich weicht er der Drohung der Tugend
und entſchließt ſich für ſie allein; Frau Wolluſt ent=
fernt ſich. Und nun ſucht Tugend die Wahl auch
innerlich annehmbar zu machen durch große Ver=
heißungen: „des wahren Glückes Quelle liegt in deiner
eignen Bruſt," ſchmeichelt ſie: „Ein Gott, ein Gott
iſt dieſe Flamme, die in deinem Buſen lodert ... Die
in jenen Sphären herrſchen, ſie lebten einſt, wie du,
in irdiſcher Geſtalt ... Beſchützer, Lehrer, Hirten der
Völker waren ſie, und glänzen nun im Chor der Götter,
ſelig durch den Anblick des Guten, ſo ſie thaten!"
Worte, die voll und ganz auf das Geburtstagskind
gemünzt waren. In einem Epilog apoſtrophiert denn
die Tugend Carl Auguſt ſelbſt; ſie weiſſagt, er werde
der Welt goldne Zeiten bringen: „Es iſt das ſchönſte
Loos auf Erden, der Schutzgeiſt eines Volks zu werden."

Wer den Zweck dieser Festvorstellung im Auge behält, wird das Frostige, das schon nach dem damaligen Geschmacke jeder Allegorie anhaftet, leichter ertragen. Später noch haben Goethe und Schiller ähnliche Figuren auf die Weimarische Bühne gestellt. Es ist schon ein Gewinn, daß die Gestalt des Hercules seelisch vertieft erscheint, nahe gerückt der Kraftgenieperiode. Gewiß aber ist sie trotzdem in den Schranken seichter Aufklärungsmoral noch allzu enge gehalten. Und wie die Gedanken hin und her wiegen zwischen Hohem und Plattem, Starkem und Halbem, so steigt auch die Sprache auf und nieder zwischen echt leidenschaftlichem Ausdruck voll Empfindung und rhetorischer Phrase mit hohlem Klang. Dieselben Grenzen von Wielands Talent, wie sie Alceste zeigt, steckt auch sein Hercules. Er steht hinter jener nur so weit zurück als der allegorische Vorwurf hinter dem menschlich-mythischen Stoff, als ein auf pädagogische und festliche Wirkung bei einer bestimmten Person berechnetes Stück hinter dem um der dichterischen Gestaltung willen aus eigner Seele geschaffenen Werke. Innerhalb dieser beschränkteren Sphäre aber hebt sich die Wahl des Hercules ebenso über die zeitgenössische Mache, wie Alceste in ihrem Kreise. Und wie von hier ein kurzer Weg zur Iphigenie Goethes führt, so ist dort in die Bahn des Faust eingelenkt. Wielands Hercules ist kein Festspiel in dem Sinne, wie es Goethe im dritten Buche der Lehrjahre Wilhelm

Meister verfassen und von den Damen dem Hofgeschmack anpassen läßt, kein Festspiel im Sinne der Schillerschen Huldigung der Künste. Es hat seinen selbständigen Stoff, der auch die Allegorien traditionell in sich birgt; durch diese Verwandtschaft der poetischen Mittel zwar gewinnt Wielands Drama den Anschein eines reinen Festspieles, aber es konnte, ohne den Epilog, wie Alceste aufgeführt werden auch an nicht festlichem Tage, es ist sachlicher als das Aurora-Spiel.

Die erste Vorstellung erreichte ihren Zweck, der sechzehnjährige Herzog war ungemein gerührt. Demoiselle Heß, „ein häßliches Schätzchen", sang die Wolluft ganz vortrefflich, Demoiselle Koch spielte die Tugend. „Solche Sachen galten damals noch etwas und loyauté wog selbst manches andere Mangelhafte auf", meinte Wieland später; das Tugendpathos mochte er selbst als unpoetisch ansehen. Von Goethe wurde er dafür in der böse übertreibenden Farce Götter, Helden und Wieland genug zerzaust, weil auch schon der Hercules der Alceste derselbe Prodikus-Schüler dieses Festdramas war.

Für höfische Feste mit der engen Bestimmung wie Aurora und Hercules hat Wieland meines Wissens kein Drama mehr geschrieben. Das größte und bedeutendste seiner nächsten dramatischen Werke, das sich durch seinen modernen Stoff von den früheren Singspielen Wielands abhebt, die Oper Rosamunde schuf er für das Mannheimer Nationaltheater, doch wurde sie auch in Weimar aufgeführt. Ebenso wenig gehört das komische Singspiel das Urtheil des Midas (1775) zu den Weimarer Hofdichtungen: diese Litteraturfarce ist eine bittere Antwort auf Wielands Befehdung in der Klopstockischen Gelehrtenrepublik. Zu der Zeit als Goethes Vögel denselben Poeten auf der Weimarer Bühne verhöhnten, mochte man sich in diesem Kreise des Liebhabertheaters der Wielandischen Operette erinnern und den Stoff zum Zauberspiel vom König Midas aufgreifen, ohne Anlehnung im Begleittexte, aber auch nicht zu einer Verhöhnung Wielands, wie sie der Alceste in der Karikaturoper Orpheus und Eurydice zu Theil geworden war. Einen ähnlichen satirischen Zweck wie das Urtheil des Midas verfolgt der „Schwank" La Philosophie endormie aus dem Jahre 1777. Ein Bild von Grenze gab für diese „conversation en pot-pourri" die Anregung. Die lustigen, flotten, mit französischen, englischen und ein paar lateinischen Brocken durchsetzten Spottverse auf philosophische Bemühungen, und die lebendige, karikierende Inscenierung konnten in dem gesellschaftlichen Zirkel, aus dessen Gespräch die Idee erwachsen war, Beifall finden, wenn sie auch in weiteren Kreisen nicht die von Wieland erwartete Wirkung thaten, gewiß weil sie Kenntnisse zum Verständniß der Persifflage voraussetzten. Übrigens erscheint der Titel auch nicht im Repertoire der Weimarer Liebhaberbühne, so wenig wie der der 1779 gedichteten Pandora. Dies geradezu für das Weimarische Liebhabertheater bestimmte Stück, ein Lustspiel von zwei Aufzügen, benützt nach Wielands Anzeige Scenen aus Le Sages Boite de Pandore und macht trotz starker Abweichungen nicht den Anspruch, ein Originalwerk zu sein. Anfang und Schluß sind zwar ganz Wieland eigen und damit ist die Exposition und der Ausgang der Le Sageschen Fabel verändert; die Figur des Prometheus hat erst Wieland in den Kreis der Spieler geführt und man möchte gerne seine Bekanntschaft mit dem handschriftlichen Prometheusdrama Goethes voraussetzen; alles was hohen Stiles in Auffassung und Sprache ist, alles Metrische stammt von ihm. Daneben hat er, wie eingeschobene Prosascenen, besonders eine der Coronis beweisen, auch im Sinne und Stile der Vorlage erweitert; an andern Stellen hat er gekürzt. Überall ist er der poetisch und geistig, aber nicht an theatralischer Kunst überlegene Bearbeiter dessen, was à la Foire de Saint Laurent 1721 von der Truppe des Herrn Francisque aufgeführt worden war, wenn er gleich zeilenweise wörtlich übersetzt und die Handlung sowie die Führung der großen Mitte seines Lustspieles Le Sage entnimmt. Es ist wunderlich, Wieland hier so ganz im Geleise theatralischer Praxis anzutreffen; ihm gefiel dies Bauerndrama, weil es an die antike Welt sich anlehnte, ihm gefiel Merkur auf Erden, wohin er den Gott schon in einem Olympia=

gedichte des Jahres 1777 geführt hatte; ihm gefiel auch die Tendenz des Stückes: die Umwandlung reiner Menschen in leidenschaftliche, gefiel der satirische Zug in den ländlichen Masken. Aber der drastische Bühnenrealismus genügte seiner Art nicht voll. Nicht nur, daß er nicht den Muth hat, Merkur in dem Harlekinkleide der Opéra comique auftreten zu lassen, daß er Pierrot zum Hylas umtauft, und dergleichen mehr was nicht tief geht; er muß auch seine feineren Ansichten und seine höhere Auffassung zur Aussprache bringen und das thut er eben in den Prolog= und Epilog=artig angeschobenen Reden und Wechselreden des Prometheus und der Pandora. Und ich bin überzeugt, wenn Wieland aus der Pandoramythe, wie er fünf Jahre später einmal wollte, ein Operetten= libretto für den Musikdirector Knecht geschaffen hätte, so wären gerade die umrahmenden Theile des Lustspieles zur Geltung gekommen, nicht das von Le Sage Entlehnte. Aber der Plan blieb wohl liegen, ebenso wie die Dichtung einer andern Oper Angelika und Medor, deren Stoff er 1776 aus Ariosts Rasen= dem Roland sich zurecht gelegt hatte.

Wieland war inzwischen zur erzählenden Dichtung zurückgekehrt; das Theater interessiert ihn weniger als vordem, da überläßt er andern den Platz. Auch als Herausgeber einer Monatsschrift fühlt er natur= gemäß engere Beziehung zu einem Publicum von Lesern als zu einem von Zuschauern und er ist vollauf beschäftigt mit künstlerischen und prosaischen Werken und Aufsätzen für seinen Merkur, die schließlich auch seiner Natur besser zusagten.

So nahm er auch am Tiefurter Journal mit mehr Erfolg Theil als am Liebhabertheater. Sein bekanntes Sendschreiben über das zu Goethes Ehren aufgeführte Schattenspiel Minervens Geburt ist an die Herausgeber dieses Journals gerichtet. Auf zwei der daselbst gestellten Preisfragen gab er Antworten. Einmal auf die: Wie ist eine unoccupierte Gesellschaft für die Langeweile zu bewahren? Seine Antwort wurde neunzehn Jahre später von Seckendorf im Neujahrs-Taschenbuch veröffentlicht, sie räth Kinderspiele und buddhistische Hypnose schelmisch an; vielleicht entsprang dieser Anregung der etwas jüngere geschichtliche Aufsatz von den ältesten Zeitkürzungsspielen. Die andere Preisfrage nahm Wieland ernster: Was wirkt am stärksten auf des Menschen Seele, ist es die Musik oder die Malerei? Er zergliedert mit seiner Kenntniß, was beide Künste zu leisten vermögen, was nicht. Auf diese und auf die derselben Frage gewidmeten Erörterungen Seckendorfs und Herders spielt der Eingang seines Gedichtes: der Wettstreit zwischen Malerei und Musik an: „Zwei Musen, deren Zwist zu steuern drei weise Männer unsrer Zeit viel Aufwand von Beredsamkeit und Witz gemacht" u. s. w. Es ist eines der Gedichte an Olympia. —

Im Frühjahr 1775 hatte Wieland eine in der Nähe der Wartburg localisierte Legende vom Mönch und der Nonne, die auf dem Gipfel des Mittelsteins, versteinert wie Niobe, ihre Liebe büßen und verewigen, poetisch gestaltet. Anna Amalia wünschte das Sujet in einer Cantate musikalisch behandelt zu sehen. Wieland gehorchte, der Kapellmeister Wolf verfaßte die Musik zu der neuen Dichtung, die schon im August des gleichen Jahres erschien. Was früher im behaglichen Plauderton, schalkhaft und heiter erzählt war, so daß die unschuldsvolle Seelenliebe Clärchens und Sixtens doch als heiße Sinnengluth erschien, ist hier tragisch gefaßt. So gründlich ist die Umstilisierung, daß nur ein einziger Vers sich gleicht; ja sogar der Name Clärchen wird durch Seraphine ersetzt: der dem Alltagsgebrauch fremde und zugleich Ätherisches bedeutende Name entspricht der höheren Stimmung.

Am liebsten hätte Wieland ein kleines musikalisches Drama gebildet, beschränkte sich aber, dem Auftrage der Herrin gehorsam, seiner Einführung und kurzen Zwischenbemerkungen Monologe folgen zu lassen, wodurch das Ganze dem Monodrama angeglichen wird. Und die monologischen Theile gelingen ihm besser als die gehobene Erzählung, wenn auch das gleiche freie Versmaß der Cantate beide vereinigt. Wielands Talent war nicht feierlich, nicht tragisch; da wo er als Erzähler in eigner Person sprach, war ihm nur der launige und witzige Ton des lachenden Philosophen, des vergnüglichen Plauderers natürlich; der Seelenkundige durchschaute die Triebfedern der Gefühle seiner Helden, schelmisch stellte er sich, als ob er ihre Selbsttäuschungen anerkenne, verrieth aber allzeit durch neckische Wendungen sein besseres Wissen. Bei dieser Anlage fiel es ihm überhaupt schwer, auch wo er in eine fremde Rolle sich zu versetzen ehrlich bemüht war, einer würdevollen Figur ernstes Leben zu verleihen. Und auch diesmal hat seine Seraphine mehr leere Worte gesprochen, als sie vordem als Clärchen that.

Ihr unerhörter Liebesschmerz allein ist aus der Legende ausgehoben, ihn klagt sie dem Monde, ihn klagt sie dem Himmel; todessehnsüchtig wird sie von Schreckbildern geängstigt. Da erhebt sich ihre Sprache zu der des geängsteten Goethe'schen Gretchens:

„Gott, welch ein Schauder faßt mich?
Diese Mauern wanken,
Die Erde weicht — der Abgrund thut sich auf —
Wo flieh ich hin? — O rettet, rettet,
O alle Engel, rettet mich!"

Alle Leiden, auch jenseits des Grabes will sie auf sich nehmen, nur lieben muß ihr Herz, ewig lieben. So endet dies hohe Lied der Liebe. Nichts ist von der Legende bewahrt als das eine Motiv. Und es ist bezeichnend, daß nur Seraphinens Liebe sich darstellt, Sixt ist verschwunden; nicht die stürmische Leidenschaft des Mannes, der, im erzählenden Gedichte, rascher als Clärchen aufbricht zur traumverheißenen Begegnung, der unruhvoll verlangend laut ihren Namen durch den Fichtenwald ruft, der auch der Freiheit Luft in langen Zügen einzieht da er aus des Klosters Enge trat, nicht diese kräftigere Figur wählte Wieland für die Cantate; dem zarteren Weibe allein gibt er Worte. Der Mann mag stürmen, handeln, ihm ziemt nicht unthätige Klage; das Weib verzehrt sich in der leidenden Liebe. So strenge hat Wieland diese Auffassung geltend gemacht, daß er Seraphine nicht wie einst Clärchen dem Geliebten zuführt; sie bleibt im Kloster. Damit wird ihr Gefühl zum tragischen gesteigert: obgleich ans Gelübde gebunden kann sie die unerfüllbare, sei's auch sündige Liebe nicht von sich werfen: „Ihn lieben muß mein Herz, ihn ewig lieben ... Kein Fegfeu'r schrecket mich" ...

Dies schlagende Beispiel, wie innig das Formale in Wielands Kunst mit dem Inhalte zusammenhangt, verdanken wir der Anregung der „durch ihr Herz und ihre Liebe zu den Musen noch mehr als durch die glänzendste Geburt großen Fürstin". Wie stark der Einfluß war, den ihr nachempfindender Geschmack allzeit auf Wielands Dichtung übte, läßt sich kaum ermessen. Die Bewunderung, die vom ersten Augenblick an ihr der enthusiastische Verehrer von Geist und Anmuth und Schönheit entgegenbrachte, ist niemals gesunken. Je länger er neben ihr lebte, desto überzeugter ward er, daß sie „eines der liebenswürdig=

sten und herrlichsten Gemische von Menschheit, Weiblichkeit und Fürstlichkeit sei, das je auf diesem Erdenrund gesehen worden". Der Verkehr ward näher und enger Jahr um Jahr, die gemeinsame Liebe des Schönen band sie an einander. Ob Wieland der Herzogin Übersetzungen aus lateinischen und griechischen Autoren überprüfte, ob er ihre fürs Tiefurter Journal beigesteuerte Verdeutschung der Firenzuolaschen Psyche nachbesserte, ob er Briefe und kleinere Dichtungen von ihr zur Begutachtung erhielt: immer schwebte ihnen in diesem Verkehre, dessen bei aller unterthänigen Höflichkeit doch offenherzige Sprache dankbar zu hören der Fürstin das schönste Zeugniß ernsten Willens, lauteren Bildungstriebes und, was mehr ist, einer wahrhaft großen Seele gibt, der gleiche Dienst der Musen vor. So war es eine ehrliche Huldigung, wenn Wieland sie Olympia nannte, wie Ariost seine durch Schönheit und Liebestreue gleich ausgezeichnete holländische Fürstin benannt hatte. Gewiß machte aber den aus dem Rasenden Roland geläufigen Namen für ihn voller klingen, daß die Griechen mancher Göttin dies Beiwort gegeben, daß sie die Musen als Olympiades bezeichnet haben: seine Fürstin war ihm eine olympische Schutzherrin alles Schönen und Lieben, war ihm auch die Muse Ilm-Athens; sie war ihm eine aus den Olymp zur Erde herabgestiegene Göttin.

Am 24. Oktober 1777, dem Geburtstage der Herzogin, redete er sie zum ersten Male öffentlich als

Olympia an. Er hat die Widmung später mit dem Titel Zweierlei Götterglück versehen. Die Götter langweilen sich im Olymp, erzählt der Poet, und besuchen die Erde. Der erste Theil des Gedichtes ist etwas wunderlich, nicht nur weil er wie die Einleitung eines größeren Werkes aussieht: Jupiter schickt Merkur auf die Erde mit dem Auftrag: „sieh dich um — vielleicht gibt's was zu sah'n" — und ohne daß Merkurs Erdfahrt weiter berührt oder abgewartet wird, schleicht Jupiter en masque hinweg und „wird bei Leda — Schwan". Diese Skizze, bei der eine leichtfertige Anspielung auf gewisse reale Verhältnisse diesmal doch schwerlich vermuthet werden darf, fällt auch darum auf, weil sie nicht einmal als Contrast, geschweige als Ergänzung zu den folgenden unter sich harmonischen zwei Theilen paßt. Der zweite Abschnitt zeigt Apollo unter den Hirten. Er lernt die Menschen lieben, lernt selbst die Wolluft dazusein, lernt was Lieben ist, lernt den freien Scherz, das wohlgemuthe Lachen, das traute freundliche Geschwätz, lernt was Gefallen ist. Aber er lehrt auch; er erfindet, wie derlei in der damaligen Idylle so gerne erzählt wird, die Leier und macht das Hirtenvolk tanzen und glücklich sein, lehrt es ein feineres Gefühl, stimmt die Herzen zu sanften Freuden, süßen Schmerzen; „die Langeweile flieht". Und der Dichter zeigt uns den Gott in Hirtentracht beim warmen Abendglanz im Rosenbusche zu Chloens Füßen, sie flicht am Kranz, er schlägt die Leier: die oft besungene Schäferstunde, die übliche Idyllensituation. Da fühlt Apollo die Wonne des Mitgefühls, ein Mensch und nur ein Mensch zu sein, und spürt dagegen den Contrast seiner olympischen Existenz: „in ihren Freuden selbst sind Götter stets allein".

Wiederholt hat Wieland mit seiner Fürstin die Frage erörtert, ob die Götter dieser Erde, die Herrscher, glücklich sein, ob sie Freude haben können. Und nun im dritten Theile des Gedichtes vergleicht er ihr Leben mit dem Apolls unter den Hirten und hält den Vergleich noch im Glückwunschgedicht zum Neujahr 1782 fest, wo er sie bittet, ihr Götteramt unter den Menschen lange zu verwalten. Was Apoll bei den Hirten lernte und lehrte, sie hat es vom Throne herabsteigend längst gelernt, gelehrt. Nun lebt sie wie Apoll im Hirtenthal in der freien deutschen Waldesnatur, Ettersburgs ist zu ergänzen. Auch hieher haben sie die Musen, die sie liebt, pflegt und schützt, begleitet; sie reichen ihr den Stift, sie geben ihr Melodien ein. So schafft sie aus dem Hain Elysium. Mit einem Seitenhieb auf Klopstocks zudringlichen Tadel des Weimarer Lebens, auf den Midasstamm, den Uhu und die Eule preist er den Herd der Priesterin der Natur und der Pieriden und wünscht seiner Herrin den süßen Frieden, den sie mit ihrem offenen Sinn und ihrem fühlenden Herzen von beiden gewinnen könne.

Ohne die Enge eines regelmäßigen Metrums, ohne die Enge pünktlich wiederkehrender Reime gleiten die Verse wohllautend und bewegt, leicht, flüssig wie dem Augenblick spielend entsprungen, dahin und haben Herders und Goethes Beifall wohl verdient. Behaglich, ohne Eile, ohne lästiges Verweilen malt der Dichter bald ein Naturbild bald ein Seelenbild und füllt die Hirtenidylle wie die Ettersburger Waldidylle mit äußerem und innerem Leben. Keine kecke Zeichnung ist's, kein deutlicher Realismus, aber sinnfällig genug, und vor allem gefällig. Ein Stückchen Wahrheit und ein Stückchen Schein; glänzendes Costüm breitet sich über einen einfachen Kern, wahre Empfindung spricht sich aus in einer Form, die sie nicht schwer nehmen läßt. Das alles belästigt nirgends, ergreift nicht, aber gefällt und unterhält.

Und in diesem Stile beharren im Wesentlichen die Gratulationsgedichte, gleichviel ob antikes oder romantisches Gewand gewählt oder gar mit Feenhaftem und Orientalischem vermischt ist. In solchen Verkleidungen gefiel sich zeitlebens Wielands gesammte Dichtung, ohne daß er je auf volle historische Treue Werth legte. Er war kein Realist, obwohl er mehr und mehr zu strenger geschichtlicher Kenntniß durchdrang und schließlich im längst geplanten Aristipp nur wenig gegen die äußere Färbung verstieß. Die ideale Ferne war ihm immer nur ein bequemes Kunstmittel, moderne Gedanken und Gefühle zu poetisieren.

So hielt er es auch bei den meisten Gelegenheitsgedichten. Sie gerade enthielten oft das Allerneueste: Anspielungen auf allerlei Ereignisse der Hofkreise, auf die gemeinsame Lectüre, auf dies oder jenes Große und Kleine, was die Weimarer Gesellschaft berührte und an sich — wie auch die Gelegenheit der Dichtung selbst — selten rein poetisch war. Seine seelische Empfindung bei frohem Anlaß unmittelbar in einfachem Liede auszusprechen, war seinem Talent oder doch seiner Bildung versagt. Drum entlehnte er sich gerne vielerlei poetischen Putz und Flitter, die uns Heutigen spielerisch vorkommen wie die malerischen Arabesken der Rokokobildkunst, die uns aber doch gefallen. Und diese und keine andere Wirkung verlangte Wieland von diesen Werkchen.

Es ist ein schöner Zufall, daß unter den ältesten Olympiagedichten eines auf eine Lesersche Zeichnung ist. Die Herzogin besaß von seiner Hand eine Nachbildung der Maria Magdalena des Cigagni. Wielands Verse vom 4. Januar 1781 führen aus, hier sei nicht eine heilige Büßerin zu schauen, Oesern hätten die Grazien Apolls einen losen Streich gespielt und er habe anstatt der Heiligen Amors Schwester gezeichnet. So erging es auch Wieland leicht — ich denke z. B. an Clärchen —, wie man denn überhaupt oft bei ihm an den Stil seines Freundes Oeser erinnert wird. Der Übergang aus dem Rokoko in den Klassicismus ist an beiden Künstlern wahrnehmbar.

Zwar Oeser war ein „Feind des Schnörkel- und Muschelwesens", um mich an Goethes Charakteristik zu halten, der Wieland nicht war; aber das Angenehme und Gefällige war auch Oesers Hauptabsehen, und alles was er hervorbrachte war auch von einer eignen Grazie begleitet; gerne verliehen beide ihren Dingen einen humoristischen Anstrich. Oesers Figuren haben etwas Allgemeines an sich, verschwommen sind die Umrisse, leise das Colorit; eben das ist Wielands Gestalten und Situationen eigen; beide mahnen ans Leben, ohne es voll geben zu wollen und zu können.

Ganz in Oesers Geist ist Wielands Gedicht zum 1781 er Geburtstage der Herzogin. Die Tiefurter Preisaufgabe über Musik und Malerei, deren schon gedacht wurde, gab den Vorwurf ein: Jede der Künste soll sich bemühen, der Fürstin, die beide pflegt, Unsterblichkeit zu sichern. Polyhymnias Leier tönt süß und majestätisch, schmelzend und kühn; die Natur lauscht ihr; aber Apoll entscheidet: alle ihre Zaubereien seien dunkle Räthsel, wenn andre Musen ihr nicht Sprache leihen. Dann aber zeigt Apelles' schöne Lehrerin ein Bild Olympias: ihr huldigen die Grazien, die Musen, alle Tugenden, und über ihr schweben Zeus' Töchter, die Bitten, mit Wünschen für ihr Leben am Throne des Göttervaters. Dies Bild — es könnte von Oeser gemalt sein — trägt Klio „den hohen Musenberg hinauf und stellt es am Altar des ew'gen Nachruhms auf". So ist der Wettstreit zu

Gunsten der Malerei entschieden: der Kunst gebührt der Vorrang, die der Herzogin deutlicher zu huldigen vermag.

Als eine Probe, wie Wieland es verstand, aus nichts eine bunte Welt hervorzuzaubern, soll der ungedruckte Glückwunsch zum Neujahr 1783 hier stehen.

An

Die Durchlauchtigste Herzogin
Anna Amalia
In der ersten Stunde des Jahres
1783.

Was hab ich, leider! ohne Frucht
an diesem Abend nicht versucht,
um, meiner Fürstin zu Preis und Ehren,
in dieser GratulantenZeit
die dreymal drey Castalische Dören
zu einem Liede zu beschwören?
Und weil die Musen sonder Streit
zur guten GeisterSchaar gehören,
die man (wie Doctor Obereit
und andre weise Männer lehren)
durch Anziehn nur gewinnen kann,
griff' ich das Werck mit Räuchern an;
goß Storax und Borax, Musk und Mazis,
und Jusquiam und Aloës
und sieben andre Species
die Avicenna, Psellus und Razis
uns vorgeschrieben, auf Kohlengluth,

in vollem Glauben und festem Muth
die vorbesagten Castalischen Fee'n
leibhaftig, alle drey zumal,
vor meinem Pult erscheinen zu sehen.
Der Rauch stieg, wie zu AlpenHöhen
ein Nebel aus einem engen Thal,
in Wolken hoch zum SternenSaal
empor — Allein, bey allen Busen
der großen Diana zu Ephesus!
wer, mir zum bittersten Verdruß,
nicht kam — das waren meine Musen.

Izt fieng mir, wie ich sagen muß,
die Galle mächtig an zu sprudeln.
Nein! rief ich, in meinem Zorn, beym Styx!
So sollen die Jungfern mich nicht hubeln!
Erscheinen sie nicht augenblicks,
mit einem demuthsvollen Knicks
ihr bestes Lied mir vorzubudeln:
so soll, ich schwörs beym Wunderzahn
des OberMeisters aller Affen
beym großen Zaubrer Hanneman,
so soll Hans Faust mir Recht verschaffen!
Wiewohl ich mit Herrn Urian
sonst auf dem besten Fuß nicht stehe,
und, weil er mir von Jugend an
schon manchen bösen Tück gethan,
ihm sonst gern aus dem Wege gehe,
für diesmal bringt die Noth mich dran.
Es schlägt schon Eins! Bald kräht der Hahn
und auch ein Blatt nur voll zu reimen
ist keine Minute zu versäumen.

Zwar muß ich bekennen, erlauchte Frau,
mir ward ein wenig grün und blau
vorm Auge, da ich den ersten Bogen
zum Zauberkreis um mich gezogen.
Allein nun war der Rubicon
passiert, und nennt mir den Haymons Sohn
dem nicht das Hertz, wenn's Ernst gilt, schlottert!
Genug, ich stund in meinem Kreis
und las — zwar freylich ein wenig leis' —
(mit unter ward auch wohl gestottert)
mit hochemporgehaltnem Stab
den gantzen Höllenzwang herab,
durch den sonst, wie wir alle wissen,
die Geister unterm Monde stracks
auf allen Vieren, wie ein Dachs,
herangekrochen kommen müßen.
Allein, wo auch der Fehler gesteckt,
das Zauberwerk blieb ohne Effect.
Citieren kann jeder die Geister freylich;
doch, ob sie kommen wollen, das steht
bey ihnen! — „Unglücklicher Poet!
Ist dies dein Lohn? So lang' und treulich
dienst du den Herren vom Helikon
wohl sechs und dreissig Jahre schon
und drüber! Hast so treubeflissen
so manchen schönen Gänsekiel
in ihrem sauren Dienst zerbissen,
so manche Stanze gedreht, soviel
nach Reimen, wie Cacabus nach Nüssen,
und Baham nach Fliegen, haschen müßen,
und ach! so manches Ries Pappier
für sie besudelt und zerrißen,
und das ist nun der Danck dafür!"

So rief ich mit gesenkten Ohren,
allein die Musen hörtens nicht;
und, Zauber, Rauchwerk, Oel und Licht
kurz, Malz und Hopfen war verlohren!
Ja freylich im gantzen Heiligen Reich
ist diesen eigensinnigen Miezen
von alten zieraffischen Cantatrizen
kein Maid of Honour an Lanne gleich.
Ich möchte wie Orlando rasen,
wenn ich bedencke, wie leicht es auch
den Mädchen war, mit Einem Hauch
die schönsten Verse mir einzublasen!
Nun sitz' ich, sauge wie ein Gauch
am Daumen, ziehe mich bey der Nasen,
kratz' hinterm Ohr, reib' an der Stirne,
und strappaziere mein Gehirne
und melkte doch eher von einem Bock
den besten Wein aus Languedoc
als einen einzigen Fingerhut
voll Witz aus meinem Occiput.

Was nun zu machen? Allenfalls
gleich einem Schwan mit langem Hals
was am Gesange fehlt durch Heulen
ersetzen? Wir würden die Ehre zwar
Mit mancher zehnten Muse theilen:
doch scheint in solchen Fällen klar,
das Klügste sey zum Schluße zu eilen;
denn Heulen quadriert doch nur auf Eulen,
und Persifflieren bringt Gefahr.
Drum wünsch' ich ohne längeres Weilen
mit diesen treugemeynten Zeilen
Der Besten Fürstin zum neuen Jahr

Drey Hundert Fünf und Sechzig Tage,
an denen von der ganzen Schaar
der magern Sorgen keine nage:
auf jeden Tag an reinem Ertrage
stets volle vier und zwanzig Stunden
die Stunde zu Sechzig Minuten gezählt,
und jede Minute zu Sechzig Secunden,
und jede Secunde, daß keine fehlt,
von einem reinen Genuß beseelt,
mit etwas dessen man gerne sich wieder
erinnert wenn alles andre fehlt,
und frey von allem was Seel' und Glieder,
was Augen, Ohren und — Füße quält.

Im übrigen ist, zumal im grünen
von Longus und von Lucian
als Cammerjunkern sich bedienen
zu lassen, immer wohlgethan.
Zwar sind die Herren, an denen man
sich schon zweytausend Jahre zu Tode
gelesen, ein wenig aus der Mode;
doch immer für eine Episode
noch gut genug, und haben auch
vor andern edeln Cammerthieren
die Tugend und den löblichen Brauch
die Fürsten nicht länger zu ennuyieren
als Ihnen selbst belieben mag.
Das übrige alles was dieser Tag
zu wünschen pflegt, sey den Najaden
Sylfiden, Dryaden und Oreaden
und allen den geistigen iden und aden,
die mit der Sublunarischen Welt
gern oder ungern sich beladen,

ins Werk zu setzen heimgestellt!
Wohl dem, dem Alles wie's ist gefällt!
Und so empfehl ich mich zu Gnaden.

Die Erwähnung von Longus und Lucian ist durch der Herzogin Lectüre mit Villoison und Wieland veranlaßt und es ist füglich gleich, ob man unter den Kammerherrn die alten Griechen oder ihre modernen Bearbeiter verstehen will. Des Longus Schäferroman von Daphnis und Chloe, ein Lieblingsbuch Geßners und anderer deutschen Idylliker dieser Zeit, hatte Villoison herausgegeben; mit der Lucian-Übersetzung war Wieland vielleicht damals schon beschäftigt. Wenn er in der Vorrede seiner Verdeutschung, congenial den Griechen charakterisierend, unter anderm von ihm rühmt, er gebe den gemeinsten und bekanntesten Dingen die Grazie der Neuheit, so möchte man dies Lob gern auf dieses Wielandische Gedicht anwenden.

Das nächste Neujahr überreichte Wieland seiner Herrin ein Rokokomärchen. Die „Anekdote aus dem Olymp" hat Aurorens Saal als Scene. Da sitzen die Götter beim Nektarfrühstück, die Göttinnen mit der Wahl des nächsten Ballstaates beschäftigt. Merkur kommt à la Montgolfier geflogen und fordert — wie Aurora im ersten der Herzogin geweihten Festspiel — alle auf, Anna Amalia zu beschenken. Gerne sind sie bereit; aber wie Amor in jenem Geburtstagsspiel bekennen mußte, die Fürstin besitze schon alles, so müssen

jetzt die Pieriden eingestehen, daß sie in ihrem ganzen
Kram nichts fänden, was ihr nicht schon eigen sei.
Apoll weiß zu rathen: die Herrn und Fräulein Com=
mensalen bedürften wohl, ihre Fürstin zu amüsiren,
einen Zentner — attisch Salz. Dazu spendet Bacchus
Wein zur Erregung des Witzes der Kammerherrn.
Die Grazien überreichen Rosen, Flora verspricht für
der Herzogin Hain zu sorgen (wie dann auch im
Geburtstagsgedichte des gleichen Jahres), die Horen
und andere Götter verheißen gutes Wetter, Pomona
schenkt Citronen und Pomeranzen. Und mit dieser
Gabe, wozu also das Gedicht eigentlich die Begleit=
verse bildet, fliegt Merkur hinab zur Fürstin. Auch
einen Auftrag Amors hat er zu bestellen: zwar sei er
nicht in der Herzogin Gunst, nur sein Bruder Hymen
genieße ihre unverdiente Huld; doch sei es ihm schon
viel Genuß, daß sie sich lieben lassen muß. „Das
kann der Herr in's Ohr ihr sagen."

Im Impromptu zum 24. Oktober 1787 spricht
Wieland vom Apfel Evas, dem des Paris und dem
Apfel der Genesung aus Tausend und eine Nacht: der
erste habe die Menschen aus dem Paradiese vertrieben,
der zweite Ilion zerstört; den dritten aber wünsche er
der Herzogin. Auch dies hat einen Bezug auf die
damalige Unterhaltung des Kreises: Wieland war mit
der Auslese von Feen= und Geistermärchen für sein
Sammelwerk Dschinnistan beschäftigt. Und wieder am
gleichen Tage des nächsten Jahres legt Wieland ein

Impromptu vor, ein kurzes Zwiegespräch zwischen dem Dichter und der Muse. Es endet:

„Kurz, läßt du mich allein,
so soll mein Herz mir statt der Muse seyn!
Muse: Mein alter Freund, das Herz — das Herz allein
wird selten sich mit großem Vortheil zeigen:
Ich: So sagt es desto mehr durch Schweigen."

Mit so geschickter Wendung half er sich aus, wenn ihm die Erfindungskraft augenblicks versagte. Seltener scheint er fortan mit poetischem Gruße sich eingestellt zu haben. Nach Italien sandte er der Fürstin seine Beiträge zum historischen Calender für Damen mit einer versificierten Epistel am 1. Januar 1790. Auf den Aufenthalt in Rom weist das Geburtstagsgedicht dieses Jahres hin, dankbar ihrer Wiederkehr gedenkend, betend daß die Erinnerung ihr Herz fürder belebe, schwörend den Dienst der Musen und Grazien fort zu üben. Höher ist der Gesang gestimmt. Das Glück, die so lange entbehrte Fürstin wieder zu besitzen, empfindet der Dichter zu ernst, um den alten Ton fröhlicher Unterhaltungsscherze anschlagen zu können. Auch rief ihn die französische Revolution aus heiteren Träumen in eine rauhe Gegenwart, und mit dem Bedachte des geschulten Politikers, als wahrer deutscher Vaterlandsfreund verfolgt er ihren Verlauf. Das nächste, was er seiner Fürstin überreicht, sind die in Lucianischer Form gehaltenen Göttergespräche, die zum Theil der Revolution gelten. Und er schreibt in das Buch

Widmungsverse ein, die wieder Anna Amalia als der Künste Schutz und Zier feiern und ihrem Reiche, dem der Musen, Bestand wünschen, da das Reich der Nemesis im Anzug sein solle.

Noch Einmal nur, so weit ich sehe, gab er Verse zum 24. Oktober. Er legte sie der Herrin mit mehreren Bänden seiner Werke, deren in diesem Jahre 1795 zehn erschienen, zu Füßen. Diesmal schlägt er den Ton des Hymnus an. Ihm, der den Lauf der Welt so trüb ansah, daß er die goldne Zeit der Poesie geschlossen wähnte, ihm, der mit alternden Gliedern mannhafter ward denn je und als feuriger Patriot seine Deutschen mahnte und warnte vor dem Verderbniß der Nachbarn, ihm entströmen die Worte würdevoller als zuvor. Und darum möge auch dieses charakteristische Carmen hier Platz finden.

An die
Durchlauchtigste Herzogin
Anna Amalia
am 24. October 1795.

Welchem der Götter oder welcher Göttin
Würden die Frühlingsblumen, und die Früchte,
Die der Sommer und Herbst aus goldnem Füllhorn
Schütten, mit größerm Rechte wohl geweihet,
Als der allerfreuenden Sonne, von deren
Strahlen jene den Schmelz der bunten Farben
Diese die süßen Labungskräfte borgen!

Laß dann, Fürstin, auch Du, an diesem froh'sten
Tage des Jahres, da die Deinen alle,
Den Altar der heiligen Treu' umgebend,
Deinem Genius kleine Gaben opfern,
Laß, o beste Fürstin, auch Dir die Blumen
Und die Früchte gefallen, die in Deinen
Milden Strahlen entfaltet und gezeitigt,
Meine Muse zu Deinen Füßen hinlegt!
Und o! möchte Dein Festtag, den wir heute
Jubelnd feyern, so oft uns noch beglücken,
Bis die allbezwingende Zeit das lezte
Blättchen von diesem Weyhgeschenk verzehrt hat!

Vorher und nachher hat Wieland außer den Glück=
wunschgedichten noch vereinzelte Verse für die Herzogin
oder in ihrem Auftrage geschrieben. Zu den ersteren
gehört ein Lied, das die Antwort ist auf ein Gedicht
der Fürstin an die Rose, zu den andern eine „Charade";
ein Reimbrieflein verräth, daß er sie auf den Wunsch
seiner Herzogin entworfen hat. Dies Spiel trieb die
Gesellschaft wohl am liebsten zur Zeit des Tiefurter
Journals, Wieland aber gab sich auch später noch
damit ab und mag der hohen Frau Gefallen an
solcher Übung des Witzes wach erhalten haben. Zwei
derartige Versuche Wielands sind überliefert, sie sollen
für ein Freundinnenkränzchen seiner Töchter um das
Jahr 1810 verfaßt sein. Der eine davon, mit dem
Titel „Charade", mir nur in Abschrift bekannt, mag
uns ersetzen, was der Hofpoet auf Befehl seiner Herrin
zusammengereimt hatte; ja mich dünkt das Stücklein

älter und für die Mädchenstube nur wieder vorgesucht, nachdem es schon vor Jahren vielleicht gerade die Herzogin unterhalten hatte.

> Mein erstes wird blos durch sein Übermaß
> Oft lächerlich, oft gar abscheulich,
> Veränderts aber Form und Namen, dann wirds freilich
> Ein nieblich Ding, zum Ernst und Spaß
> Zu brauchen, lieblich oft, auch manchmal sehr beschwerlich,
> Doch Amorn und dem Komus unentbehrlich.
> Schon manchen weisen Mann bracht es beinah von Sinnen,
> Doch ist nichts mächtiger, die Herzen zu gewinnen.
> Ich fülle leicht ein ganzes Blatt
> Zu seinem Lob, doch sapienti sat!
> Mein Zweites steht zwei Stufen nur vom Engel
> Ist an sich selber eben recht,
> Und nur am menschlichen Geschlecht
> Die Quelle aller seiner Mängel.
> Mein Ganzes ist ein drollig Mittelding,
> Vermuthlich habt Ihrs schon errathen;
> Man braucht es, daß ich wüßte, nicht
> Zu ritterlichen Heldenthaten.
> Doch steht ein goldner Schmuck ihm trefflich zu Gesicht,
> Und Päbsten selbst und Fürsten großer Staaten
> Erzeigt' es ehemals Dienstespflicht.

Die Lösung will ich nicht verrathen. Tiefer ist das Räthsel, das Perlemutter zum Gegenstand hat, doch kann die eine Probe dieser geselligen Gabe Wielands hier genügen.

In den Jahren seines Aufenthaltes in Osmannstedt scheint Wielands höfische Gelegenheitsdichtung geschwiegen zu haben; während seiner Entfernung aus der erlauchten Gesellschaft fehlte ihr die lebendige Anregung, deren sie bedurfte, da sie nichts äußerlich Gemachtes sondern natürlichen Ursprungs war. Die briefliche und wiederholte persönliche Beziehung zu den Weimaranern genügte nicht zu ihrer Befruchtung; erst als Wieland wieder in die Residenz zurückgezogen war, trieb sie neue Blüthen. Das letzte Zeugniß, daß Anna Amalia seinen dichterischen Dienst beanspruchte, geben die ein Jahr vor ihrem Tode auf ihren Befehl verfaßten Verse an Tischbein.

Briefe beweisen, wie dankbar die Herzogin Wielands Gedichte allzeit aufnahm. Wahrscheinlich hat er regelmäßiger, als bisher bekannt wurde, sich als poetischer Gratulant eingestellt. Mag er auch manchmal ein eben vollendetes größeres Werk dargebracht haben — wie er das Manuscript seiner Übersetzung der Euripideischen Helena ihr zum 24. Oktober 1802 zueignete —, mag er manchmal mit prosaischem Wort und mündlicher Rede seine Wünsche ausgesprochen haben: es ist nicht zu vermuthen, daß in den dreizehn Neujahrs= und Geburtstags=Versen und in den paar Reimen bei andern Anlässen seine Dichtung an Anna Amalia vollständig begriffen sei. Er selbst hat nur fünf Olympiagedichte, mit einem neuen Widmungsverse an einander geschlossen, in seine Werkesammlung aufgenommen, zwei nicht, die er doch im Merkur schon veröffentlicht hatte; drei weitere sind später von andern gedruckt worden. —

Aber nicht nur Anna Amalia, auch andern Gliedern des fürstlichen Hauses huldigte Wielands Muse. Wie neben Aurora die Wahl des Hercules steht, so neben den Neujahrsgedichten an Amalia eines wenigstens — und es wird kaum das einzige gewesen sein — an Carl August. Die bequemen Knittelverse mit allerlei Anspielungen auf Märchen und Historien stammen ungefähr aus der Zeit, da der Herzog die Widmung der Wielandischen Übersetzung der Briefe Horazens annahm. Zum Schlusse wünscht der Dichter „als Erben von Vater- und Mutter-Tugend bald einen tapfern Prinzen der Jugend".

Die Erfüllung dieses Wunsches, die Geburt des ersehnten Erbprinzen, gab ihm den Anlaß, sich mit einer großen Cantate der Herzogin Luise zu nähern. Sie wurde mit Wolfs Musik im Concert bei Hofe am 9. März 1783 „zu ganz allgemeinem Beifall" aufgeführt. Arien und Recitative wechseln. Ein Willkommruf begrüßt den lange Gehofften; Carl August wird als Vater angesprochen: neues Leben ströme über das Land, des Kindes Wachsthum sei Frühlingsgeist und Sonnenschein, Heil bringe es und unerschöpflichen Segen. Und nun ein Bild des Mutterglückes: der Sohn schlummert in Luisens Schoß, das Mutterauge ruht auf ihm mit liebeströmenden Blicken „und drückt mit Einem Kuß die Tugenden ihm ein, die einst sein Volk beglücken". Germaniens Genius und der Sachsen Schutzgeist schweben über dem Kinde.

Der Treueschwur des Volkes schließt das schwungvolle Werk. Auch durch die Übersetzung von Villoisons Idyllion auf die Geburt Carl Friedrichs hat sich Wieland an dem frohen Ereigniß betheiligt; beide Dichtungen gab er in den Merkur.

Jahre vergehen. Das Kind wächst heran, die Schwester Caroline blüht daneben auf. Wiederholt dankt Wieland der kindlichen Verehrung der Princessin mit leichten Versen; ein paar Geburtstagslieder haben sich erhalten, und zu ihrer Verlobung mit dem Erb=großherzog von Mecklenburg sprach er poetischen Scheidegruß: Aus unsern Augen rückst du, doch nicht aus unserm Herzen —

„Versüßen wird der Trennung bittre Schmerzen
Dein Engelsbild, der Blick, worin so schön, so zart,
Die ernste Weisheit sich mit holder Anmuth paart.
Wohl ihm, dem glücklichsten von Deutschlands Fürstensöhnen,
Der dich erkor sein Leben zu verschönen!
Sein guter Genius wirst du zur Seit' ihm stehn
Und seinen eignen Werth durch beinen noch erhöhn."

Für die Scheidende war Wieland eine andere gnädige Gönnerin geblieben: Maria Paulowna. Junge Mäd=chen hatten der hohen Frau bei ihrem Einzuge in Weimar die Huldigung aller Töchter des Landes mit wenigen Versen Wielands geleistet. Zu ihrem 21. Ge=burtstage richtet er an die Grazien als letzte Bitte ihres greisen Priesters den Wunsch, ihr ewige Jugend zu verleihen. Und ein Jahr später, 1807, erfleht er in sehnsüchtigen Worten ihre Rückkehr nach Weimar, als ob er fühle, daß der Tod seiner ersten geliebtesten Fürstin so nahe bevorstehe, daß er der stützenden Hand der jugendlichen Schutzherrin für sein welkes Alter bedürfe. Am feierlichster aber beging er im Jahre 1810 ihr Geburtsfest. us Merlins, des Zauberers und Propheten Munde weissagt er ihr glorienvolles Loos:

„Ein Gottbeschirmter Sprößling wird aus ihr
Dem alten Heldenstamm entkeimen,
Dem eines Gottes Hand sie eingeimpft.
Kräftig und fröhlich wird er unterm Einfluß
Geneigter Sterne schnell zum Baum erwachsen,
In dessen Schatten einst Thuiskons Enkel,
Geschwellt von neuen Lebenssäften, auferstehn,
Den Erdenkreis mit allen Segnungen
Der Eintracht und des Fleißes zu beglücken.
Dem Retter seines Volks . . . .
Ihm schwebt die Siegesgöttin überall zur Seite
Und wenn die Heldenarbeit einst vollbracht ist — dann
Wird Nemesis den blut'gen Rächerstahl
Auf ewig in die goldne Scheide bergen,
Und vom Olympus wird, im strahlenden Chor
Der Tugenden, der Musen und der Künste,
Des Überflusses und des Völkerglückes
Asträa zu den Menschen wiederkehren."

Hoffnungsfreudig sah der Dichter in die Zukunft. Zwar seinen Augen war nicht mehr vergönnt, das Kind zu schauen, das er prophezeit. Vorahnend aber blickt er in die Zeit, da dieses Kind zum Mann erwachsen, sieht seine patriotischen Träume erfüllt, sieht wie unter Maria Paulownas Sohn Carl Alexander Thuistons Enkel auferstehen, in Eintracht sich verbinden und nach der sieggekrönten Heldenarbeit dem einigen deutschen Lande mit neubelebtem Fleiße neuen Wohlstand bringen. Und vertrauend dem, was er durch lange Jahre in Weimar hatte wachsen und gedeihen sehn, weiß er voraus, der greise Sänger, daß hier das Reich „der Tugenden, der Musen und der Künste", das Reich, das Olympia, seine Gönnerin, und sein erlauchter Schüler Carl August aufgerichtet, noch währen und beglücken werde in den Tagen Carl Alexanders und Sophiens.

Wahrlich bewährt sich an Wieland das Wort, daß Dichter Seher sind. Was einer Stunde flüchtige Gelegenheit ihm eingab, voller hat sich's erfüllt und reicher, als seine kühnsten Wünsche zu fordern wagten. Aus der Zeit der tiefsten Erniedrigung des Vaterlandes schallt eines schwachen Greises starke Stimme, verkündend des deutschen Reiches Macht und Herrlichkeit. Was er gesungen und gesagt mit leichtem Wort und tändelnd oft, für höf'sche Unterhaltung nur, doch allzeit treu den Idealen, es tönt mit hohem Klange weihvoll aus.